中国名人故居

· 文学 · 4

车吉心/著

山东教育出版社
SHANDONG EDUCATION PRESS

沈从文
Shen Congwen

沈从文（1902～1988），苗族，原名沈岳焕，笔名休芸芸、甲辰、上官碧、璇若等。孔名茂林，字崇文。湖南省凤凰县人。现代著名作家、历史文物研究家、京派小说代表人物。

他14岁时投身行伍，浪迹湘川黔沅边境地区。1917年到1922年漂荡在湘西沅水流域；1923年至1928年在北京以写作谋生；1928年至1930年，徐志摩将其推荐给中国公学校长胡适，在上海中国公学任讲师；1931年至1933年《益世报》等文艺副刊主编；1933年任国立青岛大学（后改为国立山东大学）讲师；1934年至1939年在北京主编全国中小学国文教科书；1939年至1947年任昆明西南联合大学教授；1947年至1949年任北京大学教授；1950年至1978年任中国历史博物馆文物研究员；1978年至1988年任中国社会科学院历史研究所研究员，1988年病逝于北京。

沈从文主要文学作品有《边城》《湘西》《从文自传》等，作品被译成日本、美国、英国、前苏联等四十多个国家的文字出版。他还曾撰写出版了《中国丝绸图案》《唐宋铜镜》《龙凤艺术》《战国漆器》《中国古代服饰研究》等学术专著，《中国古代服饰研究》影响很大，填补了我国文化史上的一项空白。

位于湖南省凤凰县的沈从文故居

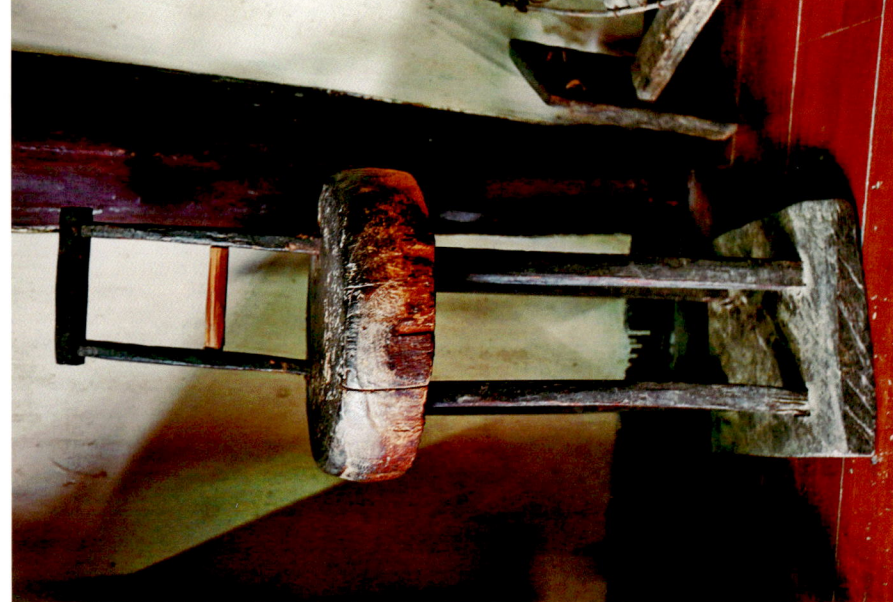

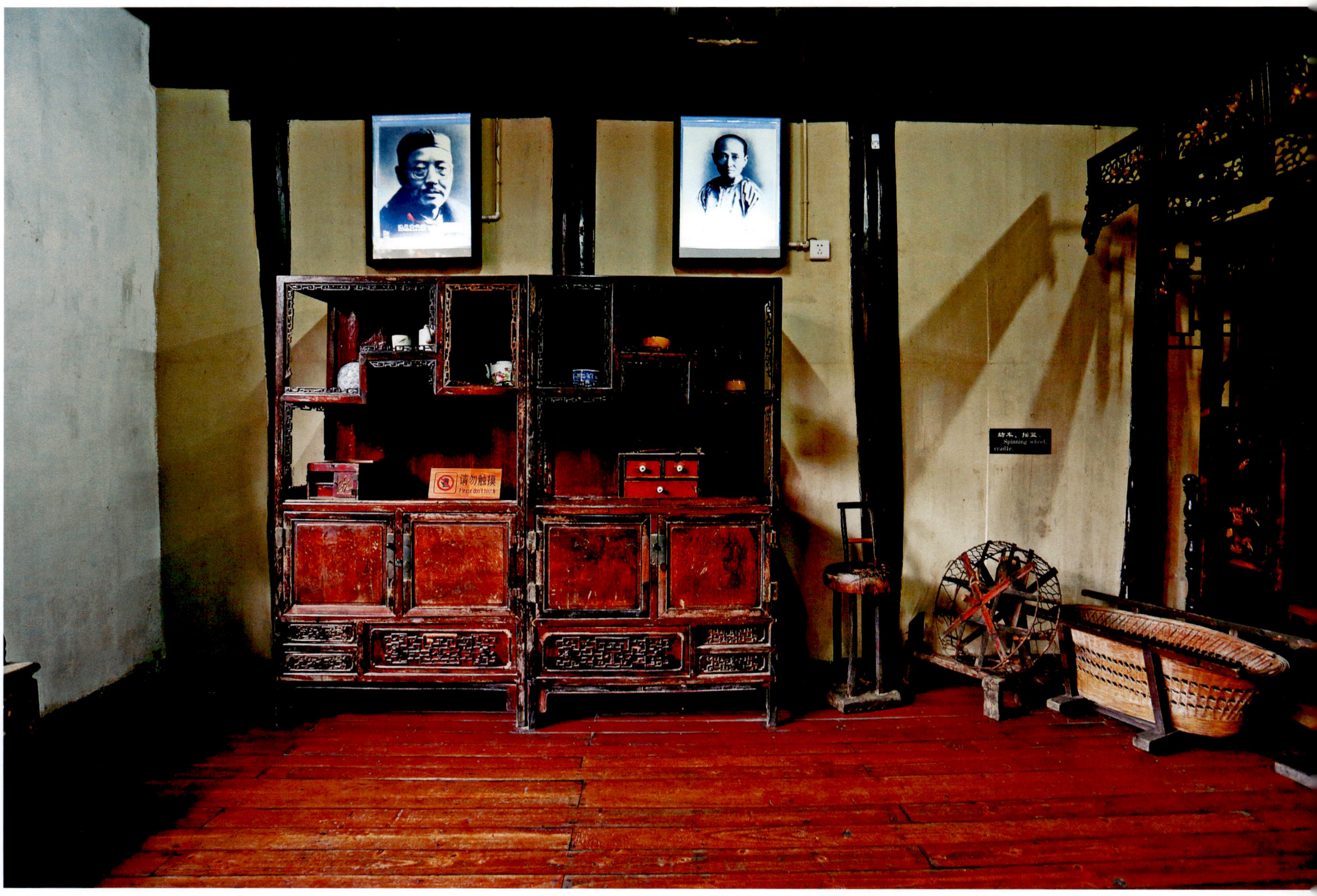
请勿触摸
纺车、摇篮
Spinning wheel
cradle

沈从文 Shen Congwen

沈从文先生喜欢边听音乐边写作。这是他生前用过的留声机。

Mr. Shen Congwen likes listening to music while writing. This is a gramophone that he used during his life-time.

请勿触摸 Please don't touch

文学 Literature

沈从文 Shen Congwen

文学 Literature

冯雪峰 Feng Xuefeng

位于上海市虹口区四川北路的冯雪峰故居

孔另境
Kong Lingjing

孔另境（1904～1972），原名令俊，字若君，笔名东方鹰。浙江省桐乡市乌镇人。现代作家。

孔另境于1922年入上海大学中文系读书。1925年毕业。同年加入中国共产党。翌年，赴广州参加国民革命。随北伐军北上，任武昌前敌总司令部政治宣传科长。"四一二"政变后，转入地下，任中共杭州县委宣传部秘书。其后武装暴动失败，县委遭到破坏，与党组织失去联系。次年至上海，从事写作。1929年春，至天津南开中学任教，随即河北省立女子师范学校，任出版部主任兼《行根》编辑。1932年在天津被捕。后经鲁迅托人全力营救出狱。后任上海职业写作，并热心戏剧运动。出版散文、小说集《斧声集》《秋窗集》。1935年扩充鲁迅《小说旧闻抄》，编成《中国小说史料》，协助茅盾编辑《中国的一日》。是年11月，编辑《现代作家书简》，次年5月出版。1935年冬，任上海华华中学教导主任。1939年，将华光余中学戏剧科，改办成华光戏剧专科学校，培养影剧人才。1942年携家眷至苏北抗日根据地。翌少垦区中学，不久奉命遣散，1945年5月，因参加抗日活动，被日本宪兵逮捕。在狱中受迫害。日本投降前夕获释。出任《改造日报》编辑。1946年，出版《萧洞集》《青年写作讲话》。先后主编《新文学丛刊》《今文学丛话》《新文学》半月刊。新中国成立后，参加中国民主促进会。历任上海大公职业学校校长、山东齐鲁大学中文系教授、春明书店总编辑。1961年起任上海出版文献资料编辑所编审。"文革"中受到冲击。1972年9月18日去世。

位于浙江省桐乡市乌镇的孔另境纪念馆

位于河北省涿鹿县温泉屯的丁玲纪念馆

文学 Literature

丁玲 Ding Ling

位于上海市虹口区昆山花园路的丁玲故居

位于北京市西城区大翔凤胡同的丁玲故居

巴金 Ba Jin

巴金（1904~2005），原名李尧棠，字芾甘，四川省成都市人。现代著名的文学家、出版家、翻译家。

1921年，肄业于成都外语专门学校。1923年春到上海，后在沪数次迁居。1927年至1929年赴法国留学。1929年回国，完成第一部中篇小说《灭亡》。1929年在《小说月报》发表后引起强烈反响。1931在《时报》上连载著名的长篇小说《爱情的三部曲》（《雾》《雨》《电》）。1938年和1940年分别出版了长篇小说《春》和《秋》及《家》，组成了《激流三部曲》。1934年11月赴日本留学，1935年8月回国。1940年至1945年写作了《抗战三部曲》。抗战后期创作了中篇小说《憩园》和《第四病室》。1946年完成长篇小说《寒夜》。短篇小说以《神·鬼·人》为著名。新中国建立后，1950年任上海市文联副主席、中国作协上海分会主席。1957年7月任《收获》主编。1960年8月，当选中国文联副主席。"文革"中受到冲击。1977年起任中国作家协会主席。1982年，获"国际但丁文学奖"。1983年任中国政协副主席、中国作协主席。1984年5月，被国际笔会第47届大会推为"世界七大文化名人"之一。2003年11月25日，国务院授予其"人民作家"荣誉称号。2005年10月17日，在上海逝世。享年101岁。

主要作品有《死去的太阳》《新生》《砂丁》《萌芽的故事》《家》《春》《秋》、《激流三部曲》（《家》《春》《秋》）。散文集《随想录》（包括《随想录》《探索集》《真话集》《病中集》《无题集》）。其中《家》是其代表作，也是我国现代文学史上最卓越的作品之一。

位于上海市徐汇区武康路的巴金故居

文学 Literature

巴金 Ba Jin

文学 Literature

巴金 Ba Jin

位于上海市卢湾区陕西南路的巴金故居

位于上海市卢湾区南昌路的巴金故居

位于上海市卢湾区淮海中路的巴金故居

臧克家
Zang Kejia

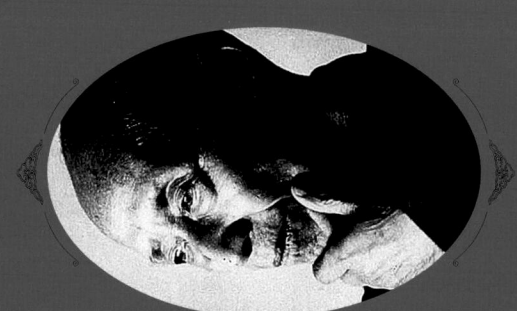

臧克家（1905～2004），山东省诸城市人。诗人，作家，编辑家。

臧克家18岁前一直生活在胶东农村。1923年夏，考入济南山东省立第一师范学校，开始习作新诗。1925年首次在全国性刊物《语丝》上发表散文处女作《别十与天罡》，署名少全。1926年秋（有说1927年初），考入中央军政治学校武汉分校，曾参与北伐。加入讨伐夏斗寅的战役。失败后逃亡东北。1930年，入青岛大学（1932年改为国立山东大学）中文系。1932年，在《新月》4卷第7期发表第一首诗作《难民》。1933年，他的第一部诗集《烙印》出版。1934年，出版诗集《罪恶的黑手》。1936年，参加中国文艺家协会。1938年，参加中华全国文艺界抗敌协会。当选为理事。1941年秋，任第三十一集团军参议，三一出版社副社长。代理社长。筹备出版了刊物《大地文丛》。创刊后，被当局查禁。1942年7月赴重庆。1943年4月，在重庆的中华全国文艺界抗敌协会第五届年会上当选为候补理事。1943年，出版了回忆录散文集《我的诗生活》。诗集《泥土的歌》。1944年，出版了《十年诗选》。后历任上海《侨声报》文艺副刊，《文讯》月刊，《创造诗丛》主编。1948年12月，一度逃亡到香港。1949年3月，到北平。后历任华北大学文艺学院文学创作研究员，新闻出版总署，人民出版社编审，《新华月报》编委。主编《新华月报》文艺栏。1949年7月，当选为中华全国文学工作者协会委员。1951年6月，加入中国民主同盟。曾任民盟中央文教委员会委员；第二、三届全国人大代表；全国政协第七、八届常委；全国诗歌学会会长。1954年，出版了《臧克家诗选》。1956年，调任中国作家协会书记处书记。1957年至1965年，任《诗刊》主编。"文革"中受迫害。2002年出版《臧克家全集》12卷，630万字。短诗《有的人》被广为传颂。2004年2月在北京逝世，享年98岁。

位于山东省诸城市龙都街道臧家庄的臧克家故居

文学 Literature

臧克家 Zang Kejia

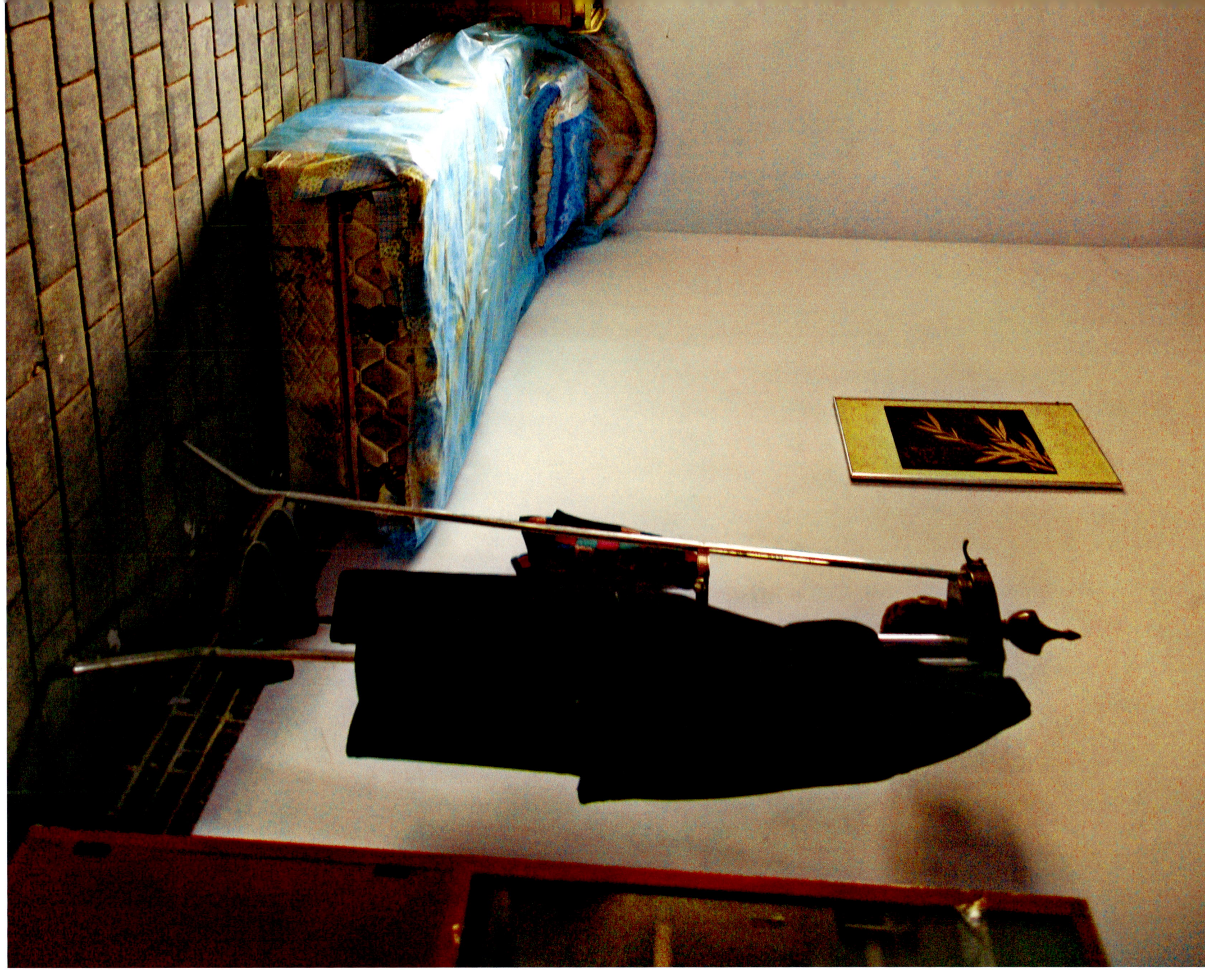

文学 Literature

臧克家 Zang Kejia

吴伯箫
Wu Boxiao

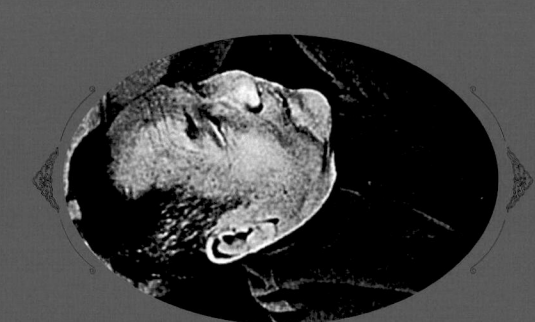

吴伯箫（1906～1982），原名熙成，字伯箫，山东莱芜人。当代著名的散文家和教育家。

吴伯箫7岁从父读书，14岁考入曲阜师范学校。1924年夏师范毕业后，到孔府家馆任英文教师。1925年夏考入北京师范大学，1931年夏毕业后，在国立青岛大学校长办公室任事务员。1935年，任济南乡村师范教务处主任兼国文教员，暑假期间回到belts，与老舍等创办《避暑录话》。1936年，任莱阳乡村师范（今鲁东大学）校长。1938年4月到达延安，进入中国人民抗日军政大学学习。11月，任八路军总政治部抗日文艺工作组组长。1939年任陕甘宁边区文化协会秘书长，参与编辑《文艺突击》，并兼任中国女子大学教师。1941年8月，加入中国共产党，在边区政府教育厅任中等教育科科长。1945年11月，任华北联合大学（驻张家口）中文系副主任。不久任东北大学（驻佳木斯）社会科学院副院长、文学院副院长、副教务长。1949年7月，在全国第一次文代会上被选为文协委员。（今沈阳师范大学）副院长。（任东北教育学院）1954年春，调任人民教育出版社副社长兼副总编辑，兼中国作家协会文学讲习所所长，并负责《文艺学习》《语文学习》诸刊物编辑出版工作。"文革"结束后，任全国中学语文教学研究会会长，《写作》主编，中国写作研究会会长等职。1982年8月病逝。

吴伯箫毕生倾注于文学创作和教育事业，作品200多篇。主要收在《羽书》《烟尘集》《黑与红》《潞安风物》《北极星》《出发集》《忘年》等；香港文学研究社出版了《吴伯箫选集》。

位于山东省莱芜市城关镇吴家花园村的吴伯箫故居

熊庆来 李广田故居
會澤百家
至公天下

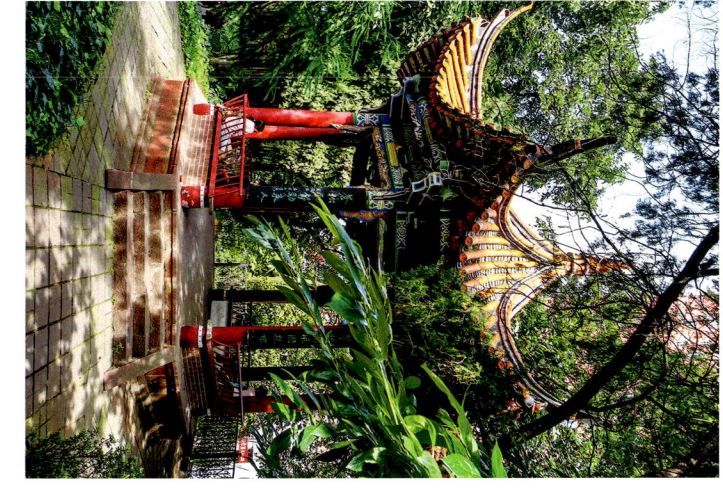

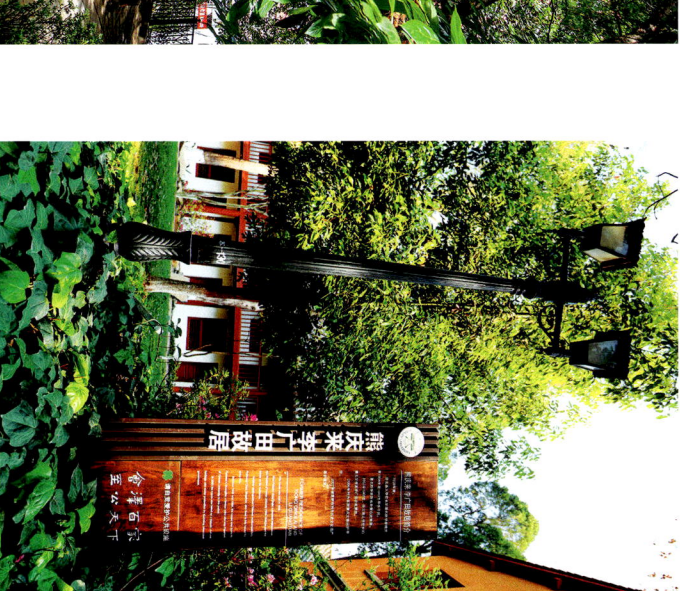

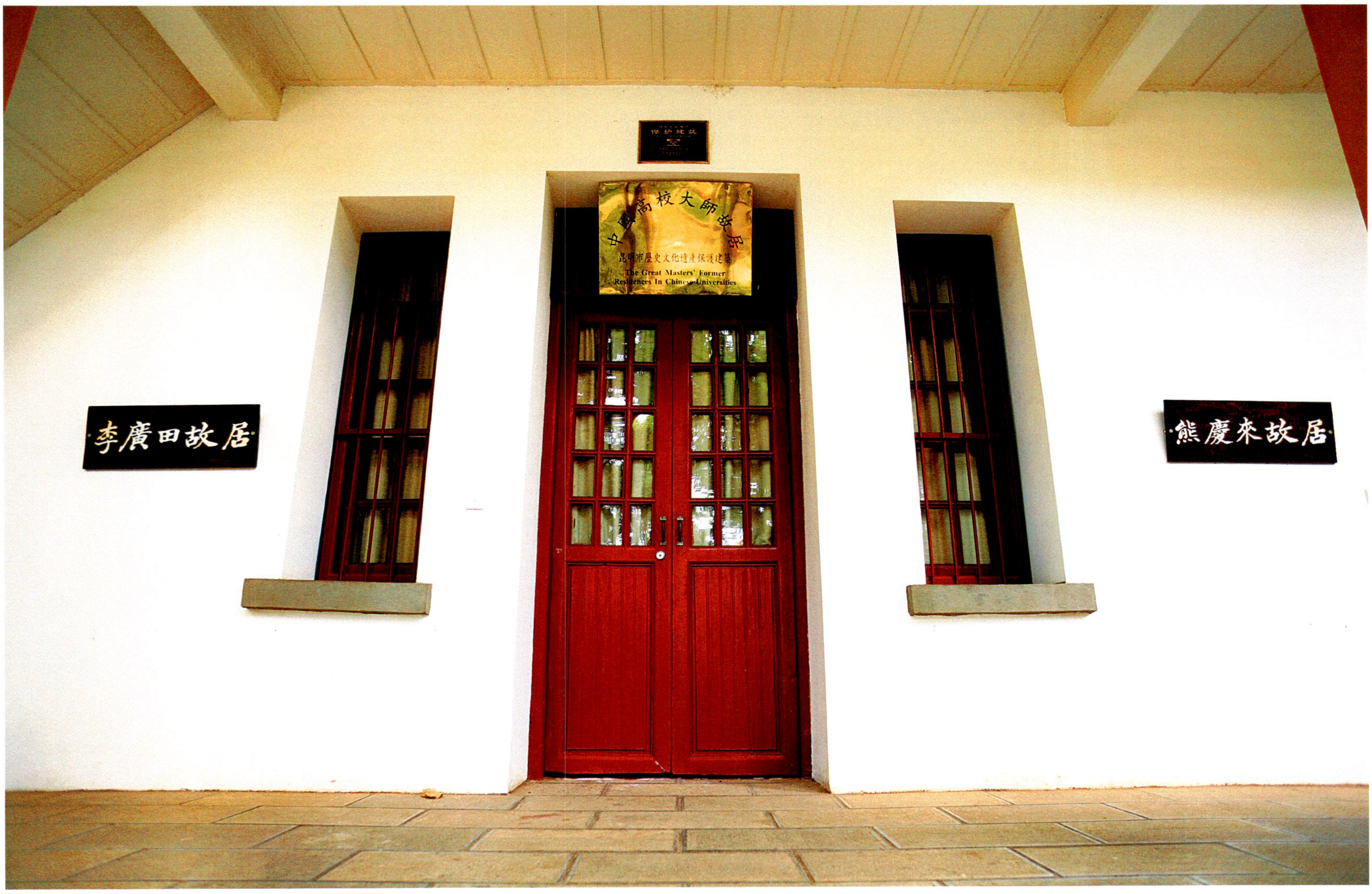
李廣田故居
中國高校大師故居
昆明市歷史文化遺產保護建築
The Great Masters' Former Residences In Chinese Universities
熊慶來故居

李健吾
Li Jianwu

李健吾(1906~1982),常用笔名刘西渭,山西省运城市人。现代作家、戏剧家、文艺评论家、翻译家、法国文学研究专家。

李健吾10岁左右即来北京求学,父亲牺牲风国家加亦变革中。1919年残壁北洋军阀黑暗,1921年考入国立北师大附中。翌年与同学组织文学团体曦社,开始发表小说。1925年考入清华大学,同年加入人文学研究会。1931年也出国留学并在巴黎格等师范实主义作家和作品。1933年回国,任中华教育基金会编辑委员会任职。1935年任国立暨南大学教授,抗日战争期间在上海从事进步戏剧运动,是上海剧艺社的以及苦干剧团的中坚。抗战胜利后,与柯灵派主合编《文艺复兴》半月刊。并将与黄佐临上海实验戏剧学校(后改名为上海戏剧专科学校)。任戏剧文学系主任。1954年起任北京大学文学研究所、中国科学院文学研究所、外国文学研究所研究员。还曾任国务院学位委员会评议组成员、全国文联委员、中国外国文学学会理事、中国戏剧家协会理事、法国文学研究会名誉会长等。1982年11月24日因病在北京逝世,享年76岁。

他任创作、评论和翻译方面都有重大成就。早期写过小说、短篇《终条山的传说》曾被鲁迅选入《中国新文学大系·小说二集》。其戏剧、戏剧作品丰富,具有独特风格。《他的评论以大名次人《咀华集》》和《咀华二集》。他在外国文学的翻译和介绍方面做了大量工作,译有莫里哀、托尔斯泰、高尔基、福楼拜、司汤达、巴尔扎克等名家的作品,并有研究专著问世。

位于上海市静安区陕西北路的李健吾故居

萧军
Xiao Jun

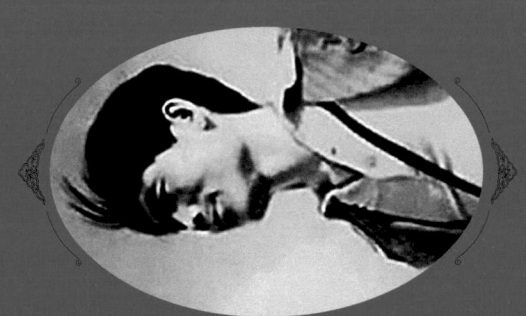

萧军（1907～1988）。原名刘鸿霖。笔名三郎、田军、萧军等。辽宁省义县（现辽宁省凌海市）人。现代作家。

幼时曾入本村私塾和本县小学。1925年考入张学良在沈阳办的东北陆军讲武堂第七期。1930年毕业前夕，因引抱不平被开除。1932年来到哈尔滨开始文学生涯，也正式成为党的地下组织领导的革命文艺队伍中的一员。1932年冬天结识萧红。1933年两人出版了第一部小说散文合集《跋涉》。1934年11月到上海，得到鲁迅指导。参加了《海燕》和《作家》等杂志的编辑工作。1935年出版了第一部长篇小说《八月的乡村》，鲁迅为之作序。1935年至1937年创作了中篇小说、诗、散文、游记等。出版了剧本《幸福之家》。八一三上海抗日战争爆发后到到武汉编辑《七月》。同年底去山西临汾，在民族革命大学任教。1940年赴延安，先后担任中华全国文艺界抗敌协会延安分会理事及延安鲁迅艺术学院教员。抗战胜利后，曾任东北大学鲁迅艺术学院院长。1948年加入中国共产党，后受到批判。解放后先在抚顺总工会从事戏剧创作和研究。出版长篇小说《五月的矿山》。1951年调至北京市"文物组"当文物研究员。不久专门从事写作。"文革"后，中央撤销了1948年中国东北局对他的错误决定。恢复了党籍，后任中国作家协会顾问、北京分会副主席。1988年因病逝世于北京。享年81岁。

主要著作有《跋涉》《八月的乡村》《羊》《江上》《绿叶底故事》《第三代》《十月十五日》《涓涓》《侧面》《从临汾到延安》《幸福之家》《萧军杰作选》《五月的矿山》《过去的年代》《吴越春秋史话》《我的童年》《萧军近作》《萧军五十年文集》《萧军全集》《萧军戏剧集》《人与人间》等。

位于山东省青岛市观象一路的萧军故居

位于北京市西城区后海北沿鸦儿胡同的萧军故居

吴组缃
Wu Zuxiang

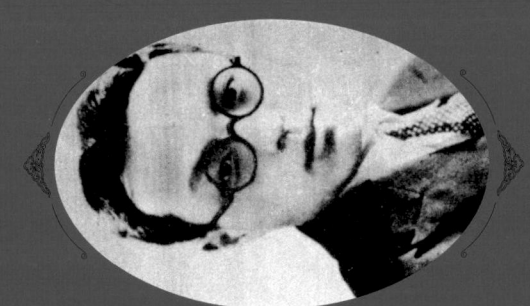

吴组缃(1908~1994),原名祖缃,字仲华。14岁时改名祖襄。笔名吴组缃、芜蓉、野松、寄谷、木公等。安徽省泾县人。现当代作家、教育家。

1921年起先后在宣城安徽省立八中、芜湖省立五中和上海求学,在芜湖五中念书时曾编辑学生会会刊的文艺周刊《赭山》,开始在《皖江日报》副刊发表诗文。1923年在上海《民国日报》副刊《觉悟》上发表短篇小说《不幸的小草》。1925年3月在《妇女》杂志上刊出他的短篇小说《鸢飞鱼跃》,都具有鲜明的反封建色彩。1929年秋进入清华大学经济系,一年后转入中文系,曾与林庚、李长之、季羡林并称"清华四剑客";1932年创作小说《官官的补品》。1934年创作的《一千八百担》。作品结集为《西柳集》《饭余集》。他创作的小说以鲜明的写实主义风格享誉文坛。1935年中断学习,应聘担任了冯玉祥的家庭教师及秘书。1936年与欧阳山、张天翼等左翼作家创办《小说家》杂志。1938年作为全国文艺界抗敌协会发起人之一,与老舍共同起草《中华全国文艺界抗敌协会宣言》,任协会常任理事。1943年3月出版长篇小说《鸭嘴崂》(又名《山洪》)。1946年至1947年间随冯玉祥访美,此后任金陵女子文理学院教授、清华大学教授和中文系主任。1952年任北京大学教授。潜心于古典文学尤其是明清小说的研究,《红楼梦》与中国文联与中国作协理事,并历任中国文联研究会会长等职。

位于安徽省泾县茂林镇的吴组缃故居

文学 Literature

吴组缃 Wu Zuxiang

周立波 Zhou Libo

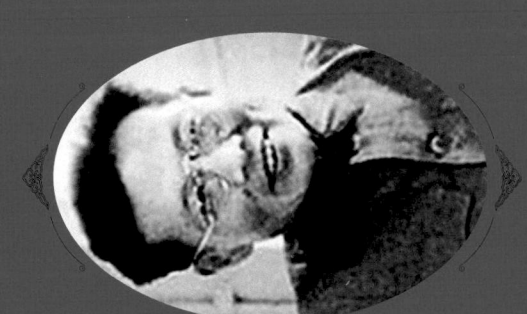

周立波（1908～1979），原名周绍仪，字凤翔，又名周奉悟，湖南省益阳市人。现代作家。

1924年秋考入长沙省立第一中学，毕业后回县任高小任教。1928年春到上海，入江湾劳动大学经济系学习，并参加革命互济会活动。1930年春因散发传单被校方开除，不久返乡，并开始从事文学写作和翻译。1931年"九·一八"事变后，到上海神州国光社当校对员。1932年因参加工人罢工被捕入狱，1934年7月被保释出狱，后在上海参加中国左翼作家联盟。1935年1月加入中国共产党，负责编辑左联秘密会刊，任中共左联党团成员，并任《时事新报》副刊《每周文学》编辑，翻译了苏联肖洛霍夫的长篇小说《被开垦的处女地》（第一部）和捷克作家基希的报告文学《秘密的中国》等，译著近百万字。1937年抗日战争爆发后，赴华北抗日前线八路军前方总部和晋察冀边区任战地记者。1938年冬到湖南沅陵参与地下党领导工作，并参加编辑《抗战日报》。1939年5月被周恩来调到桂林，任《救亡日报》编辑，并任中华全国文艺界抗敌协会桂林分会筹备委员。同年12月到达延安，任鲁迅艺术文学院编译处处长兼文学系教员。被选为陕甘宁边区文化界抗日协会执行委员。中华全国文艺界抗敌协会延安分会理事。曾担任《解放日报》副刊编辑。创作了《牛》等短篇小说。1942年参加延安文艺座谈会。1944年任《解放日报》社副刊部副部长并主编文艺副刊。同年冬任八路军南下第一支队司令部秘书。1945年日本投降后，随军南征。任中原军区《七七日报》（中原日报）社副社长。1946年后被调往东北，创作了长篇小说《暴风骤雨》。后被改编为电影，并在20多个国家翻译出版。获1951年度斯大林文学奖。1948年任东北文协主编。1949年7月被选为全国文联和全国文协委员。从1955年至1965年，他回家乡创作了长篇小说《山乡巨变》和20多篇乡土短篇小说。历任沈阳鲁迅艺术学院研究室主任、欧务院文化部编审处负责人、湖南省文联主席兼党组书记等职。被选为第一、二、三届全国人大代表，第五届全国政协委员。兼《人民文学》编委和《湖南文学》主编，1979年9月25日因病在北京逝世。

位于湖南省益阳市谢林港镇邓石桥村清溪组的周立波故居

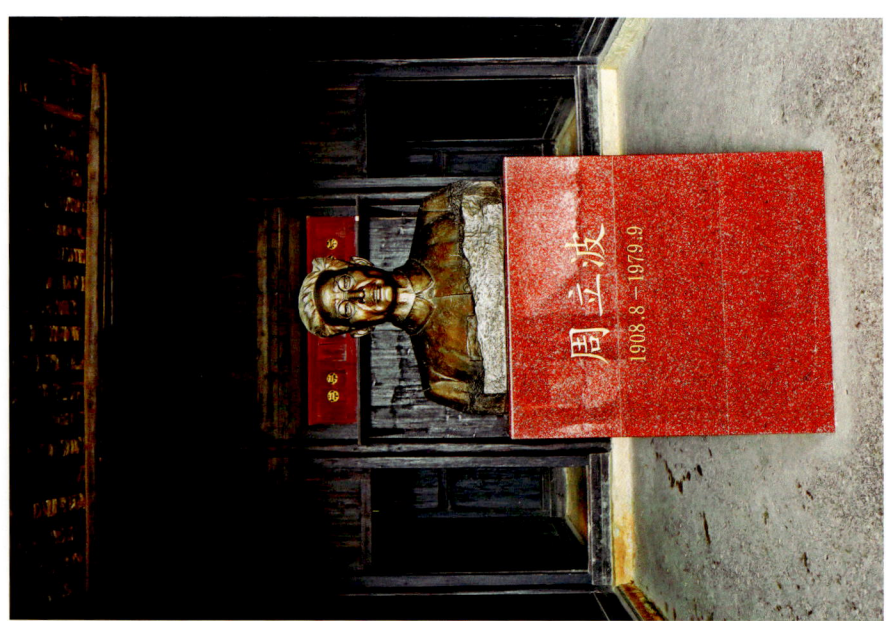

文学 | Literature

周立波 Zhou Libo

位于上海市静安区江苏路安定坊的傅雷故居

欧阳山
Ouyang Shan

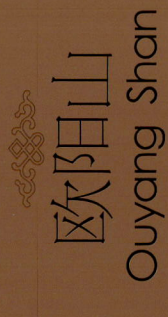

欧阳山（1908～2000），原名杨凤岐，笔名凡鸟、罗西等。湖北省荆州市人。现代作家。

欧阳山出生在一个城市贫民家庭里。因家境贫寒，几个月时被卖给姓杨的人家。从小便随养父母四处奔波。在外流浪，接触过很多下层社会的穷苦人。16岁那年第一篇短篇小说《那一夜》在上海《学生杂志》发表，从此开始了文学创作。1926年组织广州文学会，创办《广州文学》。1927年发表了他的第一部长篇小说《玫瑰残了》。1928年又连续写了《桃君的情人》《爱之奔流》等七八部中长篇小说。成为职业作家。后到上海参加中国左翼作家联盟

和中国左翼文化总同盟的活动，在此前后，曾受到鲁迅、郭沫若等文坛大家的教导与帮助。抗日战争爆发后，欧阳山于1941年到延安。1947年，创作出版了描写陕甘宁边区合作社经济发展的长篇小说《高干大》。新中国成立后回到广州，曾任华南人民艺术学院院长、中国作协广东分会主席、广东省第五届人大常委会副主任、中共中央顾问委员会委员、广东省文联主席等。从1957年开始创作长篇巨著《一代风流》，全书由5个长篇组成，1985年全部完成。

主要作品有《玫瑰残了》《英雄三生》《前程似锦》《一代风流》《三家巷》等。

位于广东省广州市中山一路梅花村的欧阳山故居

柯灵
Ke Ling

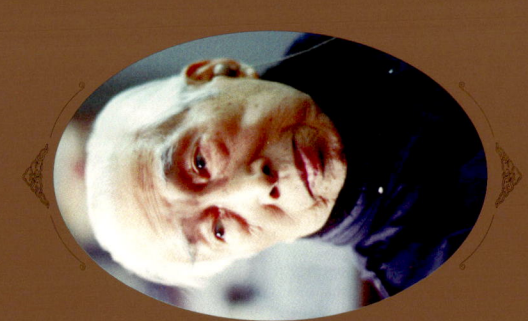

柯灵（1909～2000），原名高季琳，笔名朱梵、朱约。原籍浙江省绍兴市，生于广州市。当代电影理论家、剧作家、评论家。柯灵因家境贫寒，小学毕业后即辍学。1924年做小学教员，1928年在浔阳任小学校长。曾在《越铎日报》发表散文。后向上海《儿童世界》等杂志投稿，被誉为少年才子。1931年来到上海，先后在明星、联华影片公司任编剧职等，主编《明星半月刊》。在杂志上发表了大量反映社会现实的杂文。抗战爆发后，任《救亡日报》编委，主编《文汇报》副刊《世纪风》《民族呼声》等刊物，宣传抗战。《世纪风》鲜明的政治立场，使之成为孤岛上海的一座文学堡垒，团结了进步作家。受到日伪的胁迫，因此于1939年5月被迫停刊。上海沦陷期间，柯灵编辑《万象》杂志。刊物具有很浓的文学色彩。作家张爱玲就有多篇小说在《万象》发表。1944年及1945年夏，

柯灵两次被日本宪兵逮捕。后经营救脱险。撤离前方，抗战胜利后，柯灵回到上海。任《文汇报》主笔，主编《读者的话》、《文汇》。同时参编《新民晚报》副刊《十字街头》。其间参与发起与创办政治性期刊（周刊）。后被选为中央常委组织中国民主促进会。1948年，他出走香港。参与创办香港《文汇报》。1949年4月到北平，参加第一次全国文代会。后任《文汇报》副社长兼副总编辑，文化部电影局上海剧本创作所所长。上海电影研究所所长，中国作家协会上海分会专业作家，《上海电影》《大众电影》主编等职。"文革"后，柯灵继续从事政协工作，晚年笔耕不辍。出版了《柯灵散文选》《柯灵六十年文选》《长相思》《香雪海》等。90年代开始执笔小说《上海百年》，借物具有很浓的文学色彩。2000年6月19日，柯逝于上海。本完成。

位于上海市徐汇区复兴西路的柯灵故居

文学 Literature

柳灵 Ke Ling

钱锺书
Qian Zhongshu

钱锺书（1910～1998），原名仰先，字哲良，后改名锺书，字默存，号槐聚，曾用笔名中书君。江苏省无锡市人。现代著名作家、文学研究家。

他出身于书香门第，幼承家学，天资过人，青少年时就喜好古经典籍，故而练就了文史方面的"童子功"。1933年毕业于清华大学外国语文学系，获文学学士学位。1933年至1935年在上海光华大学任外文系讲师。1935年赴英国留学。1937年毕业于英国牛津大学英文系，获副博士学位。后赴法国巴黎大学研究院研究法国文学。1938年回国，曾主昆明西南联合大学外文系，国立蓝田师范学院、上海暨南大学、上海震旦女子文理学院。1945年，任上海暨南大学外语系教授兼南京中央图书馆英文报刊《书林季刊》编辑。其后三年创作短篇小说《人兽鬼》、长篇小说《围城》，诗文评《谈艺录》。在文学界引起巨大反响。新中国成立后，历任清华大学外文系教授、中国科学院文学研究所研究员，哲学社会科学部一级研究员。曾经担任中共中央宣传部《毛泽东选集》英文编译委员会委员，"文革"中受冲击。1982年任中国社会科学院副院长、文学所研究员。1993年被聘为中国社会科学院特邀顾问。1998年因病在北京逝世，享年88岁。

著有散文集《写在人生边上》，短篇小说集《人兽鬼》，长篇小说《围城》，选本《宋诗选注》，文论集《七缀集》、《谈艺录》及《管锥篇》（五卷）等。《管锥篇》获第一届国家图书奖。

位于江苏省无锡市崇安区健康路新街巷的钱锺书故居

钱锺书 Qian Zhongshu

文学 Literature

钱锺书 Qian Zhongshu

文学 Literature

钱锺书 Qian Zhongshu

文学 Literature

钱锺书 Qian Zhongshu

钱锺书 Qian Zhongshu

钱锺书 Qian Zhongshu

曹禺 Cao Yu

曹禺（1910～1996），本名万家宝，字小石。天津市人。剧作家、戏剧教育家。1922年，进入南开中学学习。1925年，加入南开新剧团，成为骨干。1928年，入南开大学政治系，次年转入清华大学西洋文学系。1936年，在国立戏剧专科学校教授戏剧。抗日战争开始后，他随戏校迁至四川。1946年，应美国国务院邀请赴美讲学。1947年回国，应聘于上海实验戏剧学校。1949年，参加中国人民政治协商会议，并参与筹备全国文学艺术工作者代表大会。新中国成立后，历任中央戏剧学院副院长、北京人民艺术剧院院长、北京市文联主席、中国文联主席、中国剧协主席、中国作家协会书记处书记；全国第五、六届人大常委、全国第七届政协常委。1996年12月13日逝世，享年86岁。

著有剧本《雷雨》《日出》《北京人》《原野》《家》《蜕变》《柝》《胆剑篇》《王昭君》《明朗的天》、散文集《迎春集》《曹禺剧本选》《作品集》《曹禺剧本选》，理论著作《编剧术》《论戏剧》《曹禺论创作》等；他还翻译了莎士比亚的《罗密欧与朱丽叶》等。

位于天津市河北区民主道的曹禺故居

文学 Literature

曹禺 Cao Yu

文学 Literature

曹禺 Cao Yu

文学 Literature

曹禺 Cao Yu

位于山东省青岛市临淮关路的曹辟故居

林庚
Lin Geng

林庚(1910~2006),字静希,原籍福建闽侯(今福建省福州市),现代诗人、学者、文学史家。

林庚生于北京。1928年毕业于北平师范大学附属中学。是年考入清华大学物理系。1930年转入清华大学中文系。曾参与创办《文学月刊》。1933年毕业后留校,同时担任《文学季刊》编委。1934年起在北京大学等校兼课,讲授中国文学史。1933年秋出版了第一本自由体诗集《夜》。1934年以后,尝试新的格律体,先后出版了《北平情歌》《冬眠曲及其他》。

七七事变后到厦门大学任教,1947年返京任燕京大学中文系教授。1952年院系大调整,改任北京大学中文系教授。著有《春野与窗》《问路集》《空间的驰想》等六部诗集及《中国文学史》《诗人屈原及其作品研究》《天问论笺》《诗人李白》《唐诗综论》《新诗格律与语言的诗化》等11部文集。2006年10月4日病逝于北京,享年97岁。

主要学术著作有《中国文学简史》《中国历代诗歌选》《天问论笺》等。

位于北京市海淀区北京大学燕南园的林庚故居

林庚 Lin Geng

萧红
Xiao Hong

萧红（1911~1942），原名张遒莹，曾用笔名悄吟、田娣、玲玲。黑龙江省哈尔滨市呼兰区人。现代女作家。

生于地主家庭，幼年丧母。1928年在哈尔滨读中学，接触"五四"以来的进步思想和中外文学，尤受鲁迅、茅盾和美国作家辛克莱作品的影响。因反抗包办婚姻，1930年离家出走。1932年在哈尔滨与萧军相识，并开始为报刊写稿。1933年自费出版与萧军合著的小说散文集《跋涉》。1934年与萧军一起到上海。与鲁迅交往密切。鲁迅为她的《生死场》校阅并写序言，列入《奴隶丛书》出版。1936年只身东渡日本养病。这时期出版散文集《商市街》《桥》，短篇小说集《牛车上》等。1937年初归国。抗日战争爆发后，曾在山西临汾民族革命大学任教，并随同西北战地服务团辗转各地。写有短篇小说集《旷野的呼唤》，散文集《回忆鲁迅先生》和《萧红散文》。1940年与端木蕻良同去香港。在贫病交迫中坚持创作，出版中篇小说《马伯乐》，长篇小说《呼兰河传》。1941年12月日军占领香港，因病重无法回内地，次年病逝。

主要作品有长篇小说《呼兰河传》，中篇小说《生死场》《马伯乐》《小城三月》《牛车上》；短篇小说《三个无聊人》《王阿嫂的死》《祖父和我》；散文作品《后花园》《失眠之夜》《失眠的坟墓》《在东京》《火线外二章：窗边、小生命和战士》（俄）《回忆鲁迅先生》《桥》等。

位于黑龙江省哈尔滨市呼兰区的萧红故居

文学 Literature

萧红 Xiao Hong

文学 Literature

萧红 Xiao Hong

位于山东省青岛市观象一路的萧红故居

钱素凡
Qian Sufan

钱素凡（1912~1946），又名钱彤，号素凡，祖籍江苏省南通市。现代作家，烈士。1925年在南通中学学习。1931年九一八事变后，在上海沪江大学附中读书的钱素凡，以极积参加抗日救亡运动，因此被开除学籍。1933年，在南通中学高中毕业后入中央大学地质系学习，继续参加抗日救亡运动。1937年抗日战争爆发，他回到南通，与其他进步青年一起，组织了苏北五十七军某部抗日义勇宣传队。1938年南通沦陷后，他先后在上海通州中学，东台角斜中学，如皋潮桥益中学任教。从事抗战教育工作。1941年回到南通城，在南通中学任教，并常任女子师范学校长等职。在学校中，他一直支持学生的进步活动。抗战胜利后，钱素凡仍在南通中学任教，

他对国民党反动派倒行逆施，实行黑暗的法西斯统治极为愤慨，积极参加民上运动。和共产党也有了联系。他经常对学生中倾有教育，宣传和民主、自由和民主。在青年和学生中颇有影响。1946年1月，钱素凡兼任《通讯日报》副刊《苏北文艺》编辑。他用异样的笔锋写出很多遥击国民党反动派的、要求和平民主出路的进步文字和诗歌，国民党反动派特务早就注意他。但他不顾个人安危，继续活动。1946年3月18日，他参加南通青年欢迎军调执行小组的活动游行。4月4日发展在南通中教员宿舍被特务绑架而去，经受特酷刑而坚贞不屈。被敌人押去一只半月，5日夜和其他三位烈上一起被敌人投入江，光荣牺牲。时年35岁。

位于江苏省南通市石桥头巷的钱素凡故居

朱生豪
Zhu Shenghao

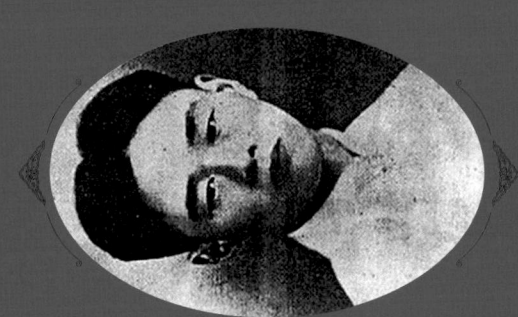

朱生豪（1912~1944），原名朱文森，又名文生，学名森豪，笔名朱朱、朱生等，浙江省嘉兴市人，现代翻译家。

朱生豪生于一个破落的商人家庭。1917年人嘉兴开明初小读书。1921年毕业，得甲级第一名。1929年中学毕业，并被保送杭州之江大学深造并享受奖学金待遇。1931年九·一八事变后，之江大学成立抗日救国会，当选为委员，担任文书股工作，积极投入抗日救国活动。1933年大学毕业，获文学士学位。1933年夏，任上海世界书局英文部编辑，参与编辑《英汉求解、作文、文法、文范四用辞典》，又为《少年文库》作注释。1935年春，开始莎士比亚戏剧翻译准备工作。1936年译成莎剧《暴风雨》第一稿，此后陆续译出《仲夏夜之梦》《威尼斯商人》《第十二夜》等9部喜剧。1939年冬应邀入《中美日报》社任编辑，为国内新闻版撰写了大量鞭笞法西斯、宣传抗战的时政短文《小言》。1941年太平洋战争爆发，

《中美日报》被日军查封，其创作的《小言集》等诗集等被毁。1943年1月，携夫人回嘉兴定居，他初门不出，把全部精力来在译写工作上，译出莎士比亚的《罗密欧与朱丽叶》《李尔王》《哈姆莱特》等。同年秋，他健康日衰，又先后译出历史剧全部悲剧，杂剧，以及英国史剧4部，走回写期间，共31部。1944年初带病译出《约翰王》等4部莎士比亚历史剧。4月写完《译者自序》，编《莎翁年谱》。其时他水力日衰，在勉强译完各剧译出《享利五世》第一、二部后，六月初确诊为肺结核，卧床不起，终在1944年12月26日离世。年仅32岁。1947年秋，译稿由上海世界书局分三辑（喜剧、悲剧、杂剧）出版。计27部剧本。1954年作家出版社出版未译《莎士比亚戏剧集》。1978年人民文学出版社出版《莎士比亚全集》，内收朱译31部剧本。1987年，夫人宋清如将朱生豪的31部莎士比亚剧剧译手稿捐献给嘉兴市人民政府。

文学 Literature

朱生豪 Zhu Shenghao

朱生豪 Zhu Shenghao

文学 Literature

朱生豪 Zhu Shenghao

舒群
Shu Qun

舒群（1913~1989），原名李书堂，曾用过李旭东、李村哲等名字。黑龙江阿城人，现代作家。

1932年加入中国共产党，满洲省地下党组织遭受严重破坏，曾用哈尔滨市阿城区人。1934年初，满洲省地下党组织遭受严重破坏，舒群与组织失去了联系，被迫离开哈尔滨，奔赴青岛。1934年秋冬，青岛地下党组织也遭到破坏，遭到严重破坏。1935年到上海，开始发表作品，并加入左联。"舒群"是从1936年5月在《文学》杂志发表《没有祖国的孩子》第一篇小说后，一直沿用终生的笔名。早期较著名的小说有《没有祖国的孩子》。抗日战争爆发后，抵达陕北，先后任延安鲁迅艺术学院文学系教员、系主任，《解放日报》四版主编，东北文工团团长、

鲁中国成立后，先后任东北局文副主任，东北大学副校长，等。后来曾任中国作家协会秘书长，文工团团长等。1955年，他被错误处理。1958年文艺错误处理，"文革"期间受到尽公平待遇，仍坚持创作。1978年10月，得到第三次彻底平反。1979年恢复工作后。他先后在本溪市文联副主席、中国作家协会理事，全国政协委员。1980年以后，他耕读、创作几十年的七十多万字的《毛泽东故事》，一百多万字的《舒群文集》1～4卷，三十多万字的《舒群短篇小说选》相继出版。1989年8月2日，因病在北京逝世，享年76岁。

位于山东省青岛市观象一路的舒群故居

文学 Literature

舒群 Shu Qun

征军
Zheng Jun

征军(1913~1946),原名施跳仕,征军是其笔名。琼山(现海南省海口市)人。左联诗人。

征军自幼立志追求自由、民主。1932年秋,征军考入上海法学院,被左联吸收为新成员。按触了许多文化名人和革命作家。在他们的影响下,思想受到深刻的洗礼,以巨大的热情投身于鲁迅所倡导的文艺大众化的各种活动。1935年秋,入东京的日本大学深造,积极参与左联东京分盟的各种活动,编辑出版分盟所属的《东流》《诗歌》杂志。1937年日本发动全面侵华战争后,征军从日本回到上海,积极投入文化界抗日救亡工作,并以笔为枪,创作大量诗歌为抗日救国呐喊。1938年底旋到香港,复刊《中国诗刊》。(又出了三期,被迫停刊。1940年夏,到广西桂林。1942年9月,诗集《红萝卜》出版。1946年1月,离开广西返回广州,筹办出版杜等,以失败告终。后又到香港,抱病赴定,于3月17日在医院逝世,年仅33岁。

著有诗集《蒙古的少女》《红萝卜》和长诗《小红德》等,被当时文艺界称为"中国最有希望的诗人之一"。

位于海南省海口市演丰镇成美村的征岑故居

陈残云
Chen Canyun

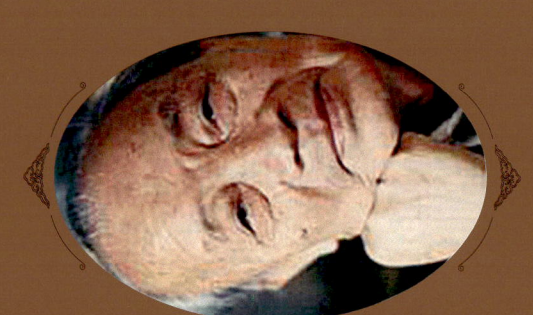

陈残云（1914~2002），原名陈福才。笔名方远、准风月客。原籍广东省。新加坡归侨。著名小说家、剧作家。

幼年家境贫寒，在亲属资助下求学。19世纪20年代末在香港当店员。1933年，在香港《大光报》发表第一篇短文《一个青年的苦恼》。1935年，进广州大学，曾参与创办和编辑《中国诗坛》《文化生活》和《广州诗坛》等杂志。1938年，出版诗集《铁蹄下的歌手》。1941年，辗转马来西亚等南洋国家。1944年，回桂林积极参与抗敌救亡活动。抗战胜利后回广州，与司马文森合编《文艺生活》。1946年，到香港从事左翼文艺工作，并继续编辑《文艺生活》和《中国诗坛》，共同创作了著名电影文学剧本《珠江泪》。1950年回广州，任华南文学艺术学院秘书长。历任广东省文联副主席，广东省作家协会主席，第三、四届中国文联委员，第四届中国作协主席团顾问，第五届中国作协广东分会副理事长，中国国际文化交流中心广东分会副理事长，中国共产党十三大代表等。

陈残云自1953年起从事专业创作，与人合写多部电影。代表作有《羊城暗哨》《南海潮》等。1963年出版长篇小说《香飘四季》。此外，出版有长篇《风砂的城》《热带惊涛录》等；散文集《珠江岸边》和《陈残云自选集》等；编有《粤海新诗》。1993年出版十卷本的《陈残云文集》。

位于广东省广州市文德路的陈残云故居

位于北京市西城区南柳巷的林海音故居

林海音 Lin Haiyin

刘知侠
Liu Zhixia

刘知侠(1918~1991)，原名刘兆麟，笔名知侠，河南省汲县人。当代作家。

刘知侠自幼家贫，11岁开始上半工半读学校。后以优异成绩考取了卫辉一中。1937年抗日战争爆发后，随文流落武汉。1938年入陕北抗大学习。1939年冬随抗大一分校东征到沂蒙山区。历任抗大一分校文工团文学队八长、党支部书记、山东省文协《山东文化》副主编、文化工作团团长及文协总支书记、济南市文联主任、山东省文联编创部部长、秘书长、华东作协副秘书长、山东省文联副主席、山东省作协主席、《山东文学》主编。1940年开始发表作品。1952年加入中国作家协会。著有长篇小说《铁道游击队》《沂蒙飞虎》《淮海战役风云录》，短篇小说集《铺草集》《沂蒙故事集》《一次战地采访》及《知侠中短篇小说集》《铁道游击队》等。1991年逝世。

小说《铁道游击队》至今不衰，曾改编成电影文学剧本、搬上银幕、电视连续剧和舞台，还有连环画笔、木行成英、俄、法、德、朝、越等8国文字在国际发行。

位于山东省济南市经六路的刘知侠故居

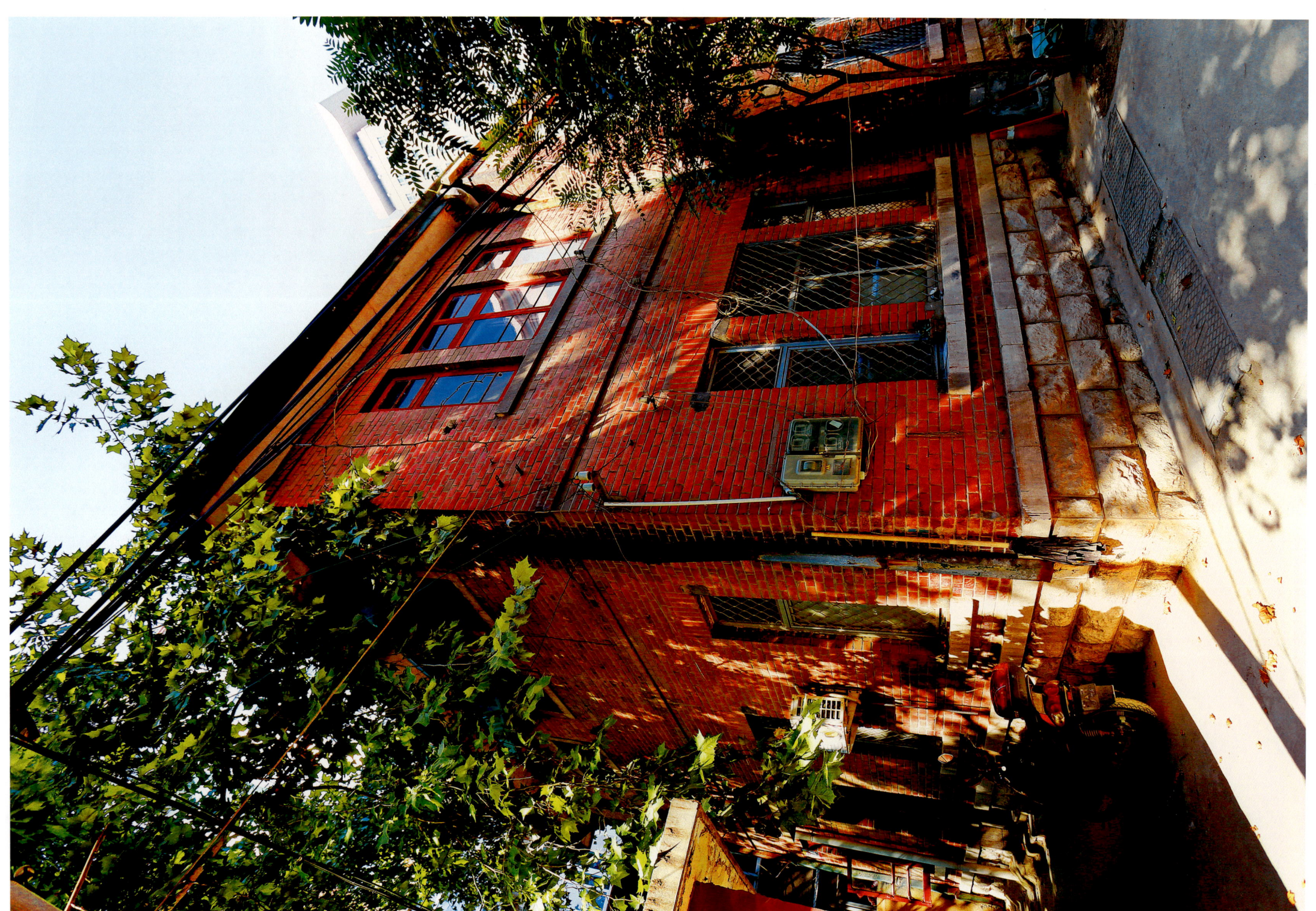

刘知夕 Liu Zhixia

文学 Literature

刘知侠 Liu Zhixia

秦牧
Qin Mu

秦牧(1919~1992),原名林阿书,又名林派光、林觉夫、林顽石。广东省澄海(今汕头市澄海区)人。当代作家。

秦牧生于香港,童年和少年时代在新加坡侨居。13岁回国后,先后在澄海、汕头、香港等地就学。抗日战争时期,他在香港华侨中学念高中,遂中止学业,赴内地参加抗日宣传工作,辗转在广州、桂林、重庆等地,担任职员、战地工作队员、教师、编辑等。1938年开始在广州报刊上发表作品。1941年参加中华全国文艺界抗敌协会。1944年加入中国民主同盟。1945年担任进步民主同人中央机关刊物《再生》的编委。1946年至1948年,在香港从事写作。

新中国成立后,历任广东省文教厅科长、中华书局广州编辑主任、《羊城晚报》副总编辑、《作品》主编、暨南大学中文系主任、广东省文联副主席、中国作协广东分会副主席、中国文联第四届委员、中国作协第三、四届理事。1992年10月14日逝世,享年73岁。

他的文学活动涉及很多领域,主要有散文、小说、诗歌,儿童文学和文学理论等,其中尤以散文著称于文坛。名篇有《土地》《花蜜与蜂刺》。自选集《长河浪花集》是其散文的代表作,还出版了《艺海拾贝》《语林采英》等。

位于广东省汕头市澄海区东里镇观一村林厝巷的秦牧故居

文学 Literature

秦牧 Qin Mu

汪曾祺 Wang Zengqi

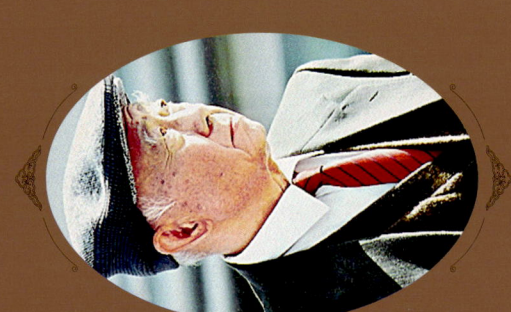

汪曾祺(1920~1997),江苏省高邮市人。当代作家、散文家、戏剧家。

汪曾祺出生在一个富裕家庭。汪家亦儒亦商亦耕,从小就受到良好的传统教育和艺术熏陶。中学时代就读于高邮县立初级中学和江苏南菁中学(江阴),表现出强烈的爱好文学的倾向。1939年考入国立西南联合大学中国文学系。1943年大学肄业,后在昆明、上海任中学国文教员,出版小说集《邂逅集》。1947年在上海发表短篇小说《鸡鸭名家》。1948年赴北平后任职于历史博物馆。不久,参加中国人民解放军,随第四野战军工作团南下,在武汉参加文教单位的接管工作,被派往一所女子中学任教。1950年调北京市文联,中国民间文学研究会,先后担任《北京文艺》《说说唱唱》《民间文学》编辑。1956年发表京剧剧本《范进中举》。1958年被错划为右派,下放到张家口劳动改造。1962年,调北京京剧团任编剧。1963年,将沪剧《芦荡火种》改编成京剧现代戏《沙家浜》大获成功。1979年,出版儿童小说集《羊舍的夜晚》。80年代以后,重新开始创作,发表《受戒》《大淖记事》等许多描写民国时期江南乡土民情的小说。1997年5月病逝于北京。

位于江苏省高邮市人民路"东巷口"的汪曾祺故居

黄宗江
Huang Zongjiang

黄宗江(1921~2010),浙江省瑞安市人。当代著名编剧。生于北京。十岁时即以"春秋童子"的笔名在《世界日报》上发表独幕剧。后就读于天津南开中学,积极参加南开剧社的活动。毕业后入燕京大学外文系。与孙道临等一起组织燕京剧社。演出曹禺《雷雨》等名作。1940年退学至上海成为职业话剧及电影演员,参加了话剧《愁城记》《蜕变》《正气歌》《楚霸王》《春》《秋》及电影《乱世风光》等的演出。1949年黄宗江加入人民解放军,成为文艺战士。1958年调入八一电影制片厂任编剧。先后创作了《海魂》《柳堡的故事》《农奴》等优秀的电影文学剧本。其中《海魂》和《农奴》分别在卡洛维发利(捷克)和菲律宾国际电影节上获奖。黄宗江才华横溢,生活积累丰厚,并有着深厚的文化修养,曾被聘为两柏林国际电影节评委。"文革"后的电影剧作有《柯棣华》和《秋瑾》。

2010年10月18日,在北京逝世,享年89岁。

位于山东省青岛市黄县路的黄宗江故居

舒芜
Shu Wu

舒芜（1922~2009），本名方管，学名方硅德，字重禹，安徽省桐城市人。现代作家、文学评论家。

舒芜生于读书人之家。其父方孝岳受过新式教育，先后在北京大学、中山大学任教。古典文学造诣很深。舒芜1937年高中时适逢抗战爆发，随即文科参加抗日救亡活动。并为《桐报》主编副刊《十月》。在该刊发表第一篇作品《及时行乐》，抨击上层人物在抗战中醉生梦死的生活状态，从此开始文学生涯。1938年向《广西日报》副刊《南方》投稿时始用"舒芜"的笔名。1940年辍学，在湖北、四川等地农村任小学、中学教师。1944年至1949年，曾任四川女子师范学院、江苏学院、南宁师范学院副教授、教授。从事文学、哲学的教学与研究。1945年初在胡风主编的《七月》上发表《论主观》一文。这时期还创作了不少杂文。结为《挂剑集》。1949年后任广西文学艺术界联合会研究部长、南宁市文联副主席、市人民政府委员会委员、南宁中学校长。1952年到北京，历任人民文学出版社主编、编辑室副主任、编审。1979年任《中国社会科学》杂志社编审。后致力于周作人评究。誉作其丰。2009年8月18日逝世，享年87岁。

主要著作有《挂剑集》（杂文集）、《说梦录》（杂文集）、《挂剑新集》（杂文集）、《死忘草》（杂文集）、《周作人概观》（论文）、《窗白》（散文集）、《书与现实》（书评、序跋、读书随笔合集）、《从秋水蒹葭到春蚕蜡炬》（论文集）等。

位于安徽省桐城市的舒芜故居

高晓声
Gao Xiaosheng

高晓声（1928～1999），江苏武进（今江苏省常州市武进区）人。当代作家。1950年起从事文学创作。1979年，在江苏省作家协会创作组从事文学创作。曾任中国作家协会会员和理事，江苏省作家协会副主席、创作组组长。1999年，因病在无锡逝世，享年71岁。

主要文学作品有：长篇小说《青天在上》、短篇小说《陈奂生上城》等，散文集《生活的交流》等，文艺论集《创作谈》《生活、思考、创作》等，小说集《79小说集》《高晓声1980年短篇小说集》《高晓声1981年短篇小说集》《高晓声1982年短篇小说集》《高晓声1983年小说集》《高晓声1984年小说集》等。其中《李顺大造屋》《陈奂生上城》分获1979、1980全国优秀短篇小说奖。他擅长描写农村生活，善于在普通农民的日常生活中发现农民灵魂曲折的命运与心会问题，探索我国农民坎坷曲折的命运与心路历程的变化，在中国当代文坛独树一帜。被视为是农村题材反思、改革小说的代表人物。

位于江苏省常州市郑陆镇庆丰墅村的高晓声故居